Couverture inférieure manquante

Début d'une série de documents
en couleur

LE
MÉMOIRE DE BOULAINVILLIERS

SUR LE DROIT D'AMORTISSEMENT DES GABELLES
ET LA CONVERSION DU REVENU DES AIDES

ANTÉRIEUR

AU DÉTAIL DE BOISGUILLEBERT
ET A LA DIME ROYALE DE VAUBAN

Par M. Th. DUCROCQ,

Doyen honoraire et professeur à la Faculté de droit de Poitiers,
Correspondant de l'Institut,
Membre non résidant du Comité des travaux historiques et scientifiques.

~~~~~~~~

POITIERS
IMPRIMERIE TOLMER ET Cⁱᵉ
RUE DE LA PRÉFECTURE
—
1884

**Fin d'une série de documents
en couleur**

À Mr Léopold Delisle

Respectueux et reconnaissant

hommage

Ch. Ducroeq

LE

MÉMOIRE DE BOULAINVILLIERS

SUR LE DROIT D'AMORTISSEMENT DES GABELLES ET LA CONVERSION DU REVENU DES AIDES

ANTÉRIEUR

AU DÉTAIL DE BOISGUILLEBERT ET A LA DIME ROYALE DE VAUBAN

(Extrait des Mémoires de la Société des Antiquaires de l'Ouest, tome VI de la 2e série.)

LE
MÉMOIRE DE BOULAINVILLIERS

SUR LE DROIT D'AMORTISSEMENT DES GABELLES ET LA CONVERSION DU REVENU DES AIDES

ANTÉRIEUR

AU DÉTAIL DE BOISGUILLEBERT ET A LA DIME DE VAUBAN

Par M. Th. DUCROCQ,

Doyen honoraire et professeur à la Faculté de droit de Poitiers,
Correspondant de l'Institut,
Membre non résidant du Comité des travaux historiques et scientifiques.

Mémoire soumis le 29 mars 1883, à la Sorbonne, à la section d'histoire du 21ᵉ Congrès des Sociétés savantes.)

L'étude attentive d'un manuscrit (1) richement relié, portant au dos les armes du Dauphin, non daté, ni signé, par nous communiqué à la Société des Antiquaires de l'Ouest avant de le produire à la Sorbonne, nous a conduit à contester et à rectifier la date attribuée à un document qui intéresse l'histoire économique et financière de la dernière partie du XVIIᵉ siècle.

Il s'agit du Mémoire du comte de Boulainvilliers intitulé : « *Mémoire concernant les moyens d'établir le droit d'amortissement des Gabelles, et la conversion du revenu des Aides en*

---

(1) Appartenant à M. Adrien Ginot, préposé en chef de l'octroi de Poitiers en retraite.

droit de bouchon, avec les avantages que le roi et les sujets en peuvent tirer. »

Jusqu'à ce jour on a cru que ce mémoire appartenait au XVIIIe siècle. Les historiens qui ont parlé des mémoires financiers du comte de Boulainvilliers ne les ont pas séparés les uns des autres. Ils en ont fait une appréciation d'ensemble, les admettant tous comme appartenant à l'époque indiquée par les éditeurs. Sur leur foi et à leur suite, ils ont considéré ces mémoires comme étant tous, sans distinction, adressés au Régent ou à M. le duc de Noailles, président du Conseil des finances, au début de la Régence. Un illustre historien (1) les a placés en conséquence au début de l'année 1716, et cette date est universellement acceptée. Ces mémoires, au nombre de six, n'ont été effectivement imprimés qu'ensemble, et pour la première fois, en 1727, en second lieu en 1728, et toujours sous le titre de : « *Mémoires présentés à Mgr le duc d'Orléans* » *régent de France, contenant les moyens de rendre ce* » *royaume très puissant et d'augmenter considérablement les* » *revenus du roi et du peuple.* » Nous pensons, au contraire, que celui de ces mémoires dont nous présentons un manuscrit au congrès des Sociétés savantes, et qui occupe le numéro 5 parmi les six mémoires financiers publiés en 1727 et 1728, est antérieur de près de trente années à la date qui lui est assignée. Nous estimons qu'il fut adressé en 1687 ou 1688 à Le Pelletier, successeur de Colbert au contrôle général des finances.

Il est d'ailleurs naturel et logique que le goût de l'auteur pour les questions de finances et ses idées de réforme

---

(1) Henri Martin, *Histoire de France*, tome XV, page 11, note 1re: « Ces « mémoires sont du commencement de 1716; mais ils ne furent publiés « qu'en 1729 en Hollande. »

des impôts n'aient pas attendu le commencement du règne
de Louis XV pour se manifester sous forme de mémoires
adressés aux gouvernants.

On sait que le comte de Boulainvilliers, né en 1658 et
mort en 1722, bien qu'ayant beaucoup écrit, n'avait rien
fait imprimer. Ce n'est qu'après sa mort que ses nombreux
ouvrages ont été successivement publiés par divers éditeurs.
Dans ces circonstances, il est facile de comprendre que l'un
de ses écrits ait pu être imprimé, par erreur, sous une date
très différente de sa date véritable, et avec des écrits appartenant à une époque très postérieure.

C'est ce qui est arrivé, suivant nous, pour le mémoire
sur le droit d'amortissement des gabelles, dans les deux
publications où nous le trouvons.

La première est de 1727. Des libraires de La Haye et
d'Amsterdam y donnent, en deux tomes in-12, ces six mémoires du comte de Boulainvilliers, sous le titre plus haut
reproduit. Le cinquième mémoire dont nous parlons occupe les 91 premières pages du tome second de cette première édition.

Ces six mémoires financiers ont été imprimés pour la
seconde fois en 1728, à Londres, à la fin du tome 3 in-
folio de l'*État de la France* du comte de Boulainvilliers. Le
titre exact de ce vaste ouvrage est le suivant : « État de la
» France, contenant XIV lettres sur les anciens Parlements
» de France, avec l'histoire de ce royaume depuis le com-
» mencement de la monarchie jusqu'à Charles VII. On y
» a joint des mémoires présentés par M. le comte de Bou-
» lainvilliers à M. le duc d'Orléans, régent de France. »

Notre mémoire y figure encore sous le numéro 5, mais
avec quelques variantes, en même temps que ceux également
publiés dans l'édition de La Haye de l'année précé-

dente. La plus importante des variantes consiste en ce que l'édition in-folio de 1728, à la suite de l'*État de la France*, ne contient pas un curieux tableau, imprimé au contraire dans l'édition in-12 de 1727 (pages 85 à 92), et qui se trouve également dans le manuscrit par nous communiqué à Poitiers et à la Sorbonne. Ce tableau est intitulé : « État » du revenu des souverains de l'Europe »; il se termine par l'abrégé et les observations qui suivent : « Souverains » d'Italie , 72,800,000 livres; souverains d'Allemagne, » 48,300,000 livres; autres souverains, 132,900,000 livres; » total : 254,000,000 livres. Par le moyen de l'amortisse- » ment des gabelles, notre Monarque peut avoir, sans » incommoder ses sujets, autant de revenus lui seul, qu'en » ont ensemble tous les autres souverains de l'Europe, » comme il est aisé de l'observer par la lecture de ce mé- » moire et par l'examen des trois divisions qui sont en- » suite ». Ces derniers mots montrent que ce tableau, placé à la fin du mémoire dans la seule édition in-12 qui le donne, devrait être placé entre les pages 34 et 35 de la première partie du mémoire, comme il l'est dans le manuscrit com- muniqué.

Ces différences prouvent la diversité des manuscrits de ce mémoire, qui paraissent être nombreux, ainsi d'ailleurs qu'en témoigne celui qui nous a été confié, et bien que l'avis des libraires-éditeurs dise le contraire. Du reste, ces variantes, dont nous signalerons quelques autres dans le cours de ce travail, ont assez peu d'importance au point de vue de la question d'antériorité que nous soulevons et qui fait l'objet de la présente étude.

Il nous paraît utile de rétablir la vérité historique sur le point de savoir dans quel ordre ont été formulées, par quelques esprits d'élite, les demandes de réformes écono-

miques et financières, avant le grand mouvement économique auquel ont présidé les Physiocrates dans la dernière
moitié du xviiie siècle. C'est sous l'empire de ce sentiment
que nous croyons devoir formuler l'idée qui nous a frappé
dans l'examen de ce mémoire.

La première édition du *Détail de la France*, par Boisguillebert, est de 1695.

Le *Projet d'une dîme royale* de Vauban était entièrement
dressé dès l'année 1700, bien que publié seulement en
janvier 1707.

Aussi le mémoire de Boulainvilliers sur le droit d'amortissement des gabelles et la conversion du revenu des aides,
publié seulement en 1727 et 1728, longtemps après la
mort de son auteur, présenté au public, par ses éditeurs,
comme adressé au duc de Noailles sous la Régence, — considéré jusqu'à nos jours par tous les historiens, sur la foi
de cette publication posthume, comme ne datant que de
l'année 1716, — n'a-t-il à cette date qu'une importance
secondaire, paraissant écrit plus de vingt ans après le
Détail de la France et seize ans après la *Dîme royale*.

La scène change, au contraire, si le mémoire de Boulainvilliers a précédé de plus de six années la première édition
de Boisguillebert et de douze ans l'œuvre de Vauban. L'intérêt de ce mémoire s'augmente en raison même de cette
antériorité. Au lieu de prendre rang parmi les plans de réformes financières du règne de Louis XV, immédiatement
avant les systèmes de La Jonchère et de Law, le mémoire
du célèbre comte ne passe pas seulement, en remontant
l'ordre chronologique, du règne de Louis XV à celui de
Louis XIV; il devient le premier cri de réforme adressé
aux environs de la Révocation de l'édit de Nantes, au successeur même de Colbert, au contrôleur général Le Pelletier.

Trois ordres de preuves nous paraissent restituer à ce mémoire du comte de Boulainvilliers sa véritable date.

Les premières sont déduites de la teneur et des termes mêmes du mémoire. Les secondes de sa comparaison à ce point de vue avec les cinq autres mémoires du même auteur publiés en même temps. Les troisièmes, enfin, du rapprochement des réformes proposées par Boulainvilliers, dans ce mémoire, avec des mesures de même nature édictées avant la date qui lui a été assignée jusqu'à ce jour.

Nous allons exposer successivement ces trois ordres de preuves, qui justifient de l'antériorité à Boisguillebert et à Vauban, que nous revendiquons pour le mémoire de Boulainvilliers. Ce seront les trois premières parties de la présente étude.

Dans une quatrième partie nous chercherons à déterminer la période du ministère de Claude Le Pelletier à laquelle paraît se placer la rédaction de ce mémoire.

Dans la cinquième, enfin, nous indiquons l'intérêt que peut présenter cette rectification historique, de près de trente années, qui restitue à Boulainvilliers le premier rang, dans l'ordre des dates, parmi les écrivains qui, dès le règne de Louis XIV, ont demandé la réforme du système financier de l'ancienne France.

I

De nombreux passages du mémoire sont absolument inconciliables avec la date supposée de 1746, avec le règne de Louis XV et la Régence. Ils prouvent, au contraire, la réalité de notre attribution au règne de Louis XIV et au ministère de Le Pelletier. Nous allons signaler neuf passages de ce genre, pris dans toutes les parties du mémoire, depuis la préface jusqu'aux dernières lignes.

1° La préface, que les éditeurs de 1727-1728 supposent adressée, avec le mémoire, au duc de Noailles, ministre du Régent, ne contient que trois paragraphes qui indiquent le sujet du mémoire, et dont le dernier se termine ainsi : « La grandeur immense de ce projet se trouve encore infi- » niment au-dessous *de la grandeur héroïque de notre mo- » narque* et de la fidélité inviolable du ministre. »

Nous faisons d'abord observer que si, dans l'édition in-12 de 1727 (La Haye et Amsterdam), la préface se termine comme il vient d'être dit, dans le manuscrit que nous avons produit à la Société des Antiquaires de l'Ouest et que nous avons l'honneur de soumettre à la Section d'histoire du congrès de la Sorbonne, il est ajouté ces mots « du ministre « *qui conduit ses finances présentement* ». Cette variante n'a pas une très grande importance au point de vue qui nous occupe, puisque le duc de Noailles n'administrait pas moins les finances sous le Régent en 1716, que le contrôleur général Le Pelletier sous Louis XIV, de septembre 1683 à sep- tembre 1689. Nous verrons toutefois que ces mots complé- mentaires ne sont pas entièrement dépourvus d'intérêt dans cette question d'antériorité.

Mais ce qui proteste surtout dans cette préface contre la date assignée au mémoire et contre la désignation, par les éditeurs, du duc de Noailles comme en ayant été le destinataire, c'est d'abord que ni dans la préface, ni dans aucune partie du mémoire, il n'est question du Régent ; c'est qu'il n'y est parlé que du roi et du ministre ; c'est sur- tout enfin qu'il y est fait mention « *de la grandeur héroïque de* » *notre monarque* ». Le langage des cours le plus hyperbolique ne pouvait qualifier ainsi le jeune roi Louis XV, âgé de six ans ! Ce langage, au contraire, s'adaptait bien à Louis XIV. Le même argument résulte de la fin du mémoire où il est est parlé de la « *puissance formidable de ce grand monarque* ». De sorte que les dernières lignes du mémoire sont en complète harmonie avec les premières.

Dans cette période de 1683 à 1689, il est naturel que la préface et la fin du mémoire du comte de Boulainvilliers qualifient de la sorte le Grand Roi. L'auteur ne fait ainsi que se conformer au style ordinaire de la cour. En même temps que s'explique alors l'éloge du monarque, de sa *grandeur*, de son *héroïsme*, de sa *puissance formidable,* inadmissible au contraire avec Louis XV à six ans, il n'y a plus à s'étonner de l'absence de toute mention du Régent entre le monarque enfant et le ministre.

Enfin, pour le ministre lui-même, il n'y a pas jusqu'à ces mots de notre manuscrit « qui conduit ses affaires présen- » tement.», qui, naturels avec le successeur de Colbert sous Louis XIV, le sont moins avec le duc de Noailles, qui le premier a administré les finances du Régent.

2° Le second passage que nous invoquons montre que l'auteur écrit, non sous le règne d'un roi mineur et pendant l'administration d'une régence, mais sous un monarque qui règne et gouverne personnellement.

L'auteur, en commençant l'exposé de son plan d'amortissement des gabelles, dit en effet, page 6 : qu'il « semble » que le ciel en ait réservé la gloire *à la sage politique du* » *monarque qui nous gouverne,* et à la profonde intelligence » dont Votre Grandeur est éclairée. »

N'est-il pas de toute évidence qu'il s'agit de Louis XIV ? qu'il n'est question dans ce mémoire ni de Louis XV, ni du Régent, ni du duc de Noailles, malgré l'indication erronée des libraires-éditeurs ?

3° Le troisième passage (p. 13) complète les précédents ; il prouve que le mémoire s'adresse, par l'intermédiaire du contrôleur général des finances, non seulement à un roi qui règne et gouverne personnellement, mais à un roi qui, après avoir fait la guerre heureusement et glorieusement, se trouve en état de paix au moment où le mémoire est écrit, toutes choses également inapplicables à la minorité de Louis XV, au Régent et à l'année 1716. Voici ce passage :

« Enfin, Monseigneur, notre monarque, par vos soins,
» rétablirait le siècle d'or en ses États, diminuant les im-
» pôts et supprimant le reste, dont les financiers et leurs
» commis retirent plus de profit que S. M. n'en reçoit de
» services. *Ce fameux héros* finirait par humanité, durant
» la paix, *ce qu'il a commencé par sa valeur durant la guerre*,
» et en lui seul l'on verrait tout ensemble la terreur et les
» délices du genre humain. »

4° Un quatrième passage montre encore, dans le même ordre d'idées, qu'il s'agit d'un roi qui règne par lui-même depuis longtemps déjà. L'auteur dit (p. 30) qu'il s'adresse à un monarque « *dont la prudence incomparable* nous promet
» un repos éternel en ses États, même pour les provinces
» qui auraient plus de disposition à la révolte. »

En 1716, à Louis XV, âgé de moins de six ans, ce langage est encore impossible. Il ne peut être question que de Louis XIV, et de Louis XIV avant l'heure des désastres.

5° Le cinquième passage, très significatif, bien que dans un autre ordre d'idées, que nous voulons signaler, se trouve page 16 dans l'édition in-12 de 1727. Il présente encore une variante avec notre manuscrit qui, dans la liste des contrôleurs généraux mentionnés, nomme *d'Hémery* avant de Servien, tandis que le nom de d'Hémery est omis dans la publication.

Voici ce passage, d'après l'édition de 1727 :

« Ceux qui se souviennent des manières dont on gou-
» vernait les finances du temps de MM. de Servien et Fou-
» quet, et qui feront réflexion sur le changement notable
» que M. Colbert y apporta, quand il en eut la conduite,
» n'auront pas de peine à croire qu'il y a des change-
» ments pour passer du mal au bien, qui ne sont nulle-
» ment dangereux, et qui, tout au contraire, sont très utiles
» et désirés généralement de tout le monde. »

Si, comme on l'a cru jusqu'à ce jour, le mémoire de
Boulainvilliers a été écrit en 1716, il est étrange qu'il
nomme tous les contrôleurs généraux des finances qui ont
précédé Le Pelletier, depuis le commencement du règne de
Louis XIV jusqu'en septembre 1683, et aucun de tous ceux
qui ont suivi de 1683 à 1716, pendant trente-trois ans. Rien
n'est plus naturel, au contraire, avec la date par nous res-
tituée au mémoire de Boulainvilliers. Nous disons ce mémoire adressé par lui à Le Pelletier, au successeur de Colbert au contrôle général. C'est pour cela qu'il ne nomme
que les surintendants des finances qui l'ont précédé : d'Hémery (dans notre manuscrit), de Servien, Fouquet et Colbert. C'est aussi par ce motif que, comparant l'administration du grand ministre de Louis XIV avec celle de ses
prédécesseurs au contrôle général des finances, il ne peut
faire cette compa--- --on entre Colbert et ses successeurs. Le
mémoire étant adressé à Le Pelletier, tout s'explique. Adressé
au duc de Noailles, en 1716, on ne comprend pas, au contraire, qu'il remonte à plus d'un demi-siècle en arrière, au
delà de l'année 1661 et de la chute de Fouquet, pour cher-
cher ses exemples et ses comparaisons.

6° Le sixième passage que nous voulons invoquer complète
les observations qui précèdent, les précise et les fortifie.

Il se trouve pages 70 et 74 (édition in-12 de 1727). Nous le reproduisons en entier :

« Il est certain que remettant pour l'avenir le minot de
» sel à trente sols, qui est aujourd'huy payé du clergé, de
» la noblesse et du tiers état sur le pied de quarante-deux
» livres en plusieurs endroits du royaume, rien n'est si
» juste, ni si facile à établir que le droit d'amortissement
» des gabelles ; d'autant plus que la réduction des huit der-
» niers articles qui aident à former le total du revenu futur
» de Sa Majesté, jointe à la suppression *de tous les autres*
» *impôts nouvellement établis par feu M. Colbert*, vont non
» seulement à la décharge de tout le peuple en général,
» mais encore à l'augmentation du commerce du royaume
» et du revenu particulier de tous ceux qui y possèdent du
» bien en fonds de terre. »

Ainsi la réforme financière proposée par le comte de
Boulainvilliers dans ce mémoire comprend la suppres-
sion *de tous les autres impôts nouvellement établis par feu*
M. Colbert.

Colbert est mort le 6 septembre 1683. Il n'était que ridi-
cule, en 1716, au commencement du règne de Louis XV et
sous le Régent, de parler de *feu M. Colbert*, mort depuis
trente-trois ans. Mais il était impossible, à cette date, de
parler sérieusement « des impôts *nouvellement* établis »
par lui trente-cinq ans, quarante ans auparavant, et même
davantage.

Enfin, ce qui est plus grave et plus significatif encore que
les formes du langage, c'est la nature des développements
et le fond des idées. Parlant au duc de Noailles et au
Régent de *supprimer les impôts nouvellement établis par feu*
M. Colbert, le comte de Boulainvilliers aurait-il pu passer
sous silence les impôts plus nouveaux, les expédients em-

piriques de Pontchartrain, de Chamillart, de Desmaretz ? Lui aurait-il été possible d'éviter en un pareil sujet toute allusion au désordre, aux ruines, à l'effondrement de la fortune de la France, pendant les dernières années du règne de Louis XIV ?

Il est manifeste, quoi qu'en aient dit les éditeurs de 1727, suivis par ceux de 1728, que le comte de Boulainvilliers d'ailleurs âgé de trente ans en 1688, n'a pu parler, comme il l'a fait dans ce mémoire, qu'en plein règne de Louis XIV, en présence des premières difficultés financières survenues après la mort de Colbert, et en s'adressant au successeur même du grand ministre, au contrôleur général Le Pelletier.

7° Un argument d'une autre nature résulte de l'assertion émise que « *du règne seul de notre monarque* il est » entré pour plus de deux cent millions de matières d'or » et d'argent dans le royaume, qui y roulent aujourd'hui » parmi ses sujets (p. 63, *in fine*) ». Le commencement de cette phrase n'exclut-il pas le début du règne de Louis XV ? La fin de la phrase n'exclut-elle pas de même la dernière partie du règne de Louis XIV ?

8° Nous devons invoquer aussi les passages dans lesquels l'auteur sollicite le ministre de diriger le gouvernement dans les voies d'une politique coloniale. C'est l'objet d'un des chapitres de la seconde partie du mémoire. Il dit (p. 46) que « dans le troisième chapitre, il est parlé, » à l'occasion du commerce, de la facilité avec laquelle » on peut soumettre à l'obéissance du Roi toute la partie » septentrionale de l'Amérique. »

L'auteur, dans son enthousiasme, et saisissant par la pensée les métaux enviés du Nouveau-Monde, ne se contente pas de dire (p. 65) que « Sa Majesté se formerait dans l'Amé- » rique septentrionale un empire aussi riche, aussi bien

» situé, et d'aussi grande étendue qu'était celui des
» Romains du temps d'Auguste »; il va même jusqu'à dire
que « notre monarque pourrait par là, sans peine, se rendre
» maître absolu d'une bonne partie de l'Europe, presque
» sans coup férir. »

Ces exagérations, ces illusions, ces aberrations si l'on
veut, ne portent-elles pas leur date? N'indiquent-elles pas
le règne de Louis XIV? Sont-elles possibles au début de la
Régence? N'est-il pas évident qu'elles ne le sont qu'au milieu
du règne de Louis XIV, avant les désastres de la fin et dans
l'éblouissement des gloires du grand roi?

9° Boulainvilliers, parlant des abus existants dans les cinq
grosses fermes (p. 54), s'exprime de la manière suivante :
» S'ensuivent les frais des cinq grosses fermes. Le nombre
» des droits différents compris dans cet article est si grand,
» que le bail fait à Claude Boutel en 1680 contient deux
» pages de grand papier imprimé en petit caractère, et l'on
» estime que tous ces droits occupent encore inutilement
» plus de 4,000 personnes. »

Cette mention du bail de 1680 n'exclut-elle pas l'idée que
le mémoire puisse être postérieur à cette date de trente-six
ans? N'indique-t-elle pas, au contraire, que la rédaction de
cet écrit doit être au moins placée dans les dix années qui
la suivent?

Ainsi, les passages nombreux qui abondent dans ce mémoire, et que nous venons de relever, s'enchaînent exactement les uns aux autres dans l'œuvre d'une démonstration
commune. Ils prouvent que cet écrit a précédé de plus d'un
quart de siècle l'époque qui lui a été assignée par les libraires-éditeurs. Tous ces passages donnent sa destination
et sa date véritables à ce mémoire. Ils montrent que c'est
bien à tort qu'il a été confondu par ses éditeurs posthumes

2

avec les cinq mémoires adressés au Régent par le même écrivain.

Tout ce qu'il serait possible de prétendre (et encore cette supposition est-elle peu vraisemblable), c'est que le comte de Boulainvilliers ait pu remettre au duc de Noailles un exemplaire de son ancien travail; mais ce serait, comme nous venons de le voir, sans avoir rien fait pour l'approprier, ni au temps, ni aux circonstances, ni aux personnages.

Nous ajoutons que d'ailleurs rien n'est moins établi, moins probable et même plus douteux. Le motif en est que le fond du mémoire était impossible en 1716.

II

L'observation que nous venons de fonder en dernier lieu, non seulement sur le style et les termes du mémoire relatif au droit d'amortissement des gabelles et à la conversion du revenu des aides, mais sur la nature même des développements qu'il contient, acquiert encore, malgré sa gravité propre et intrinsèque, une importance plus grande, si l'on compare avec lui les termes et la teneur des cinq autres mémoires au milieu desquels il a été publié. C'est de cet utile travail de comparaison que nous allons déduire le second ordre de preuves ci-dessus annoncé.

Du simple rapprochement des six mémoires de Boulainvilliers sur les finances, il nous semble résulter que le cinquième, qui nous occupe, est d'une rédaction très antérieure à celle des cinq autres. Tandis que rien dans notre cinquième mémoire ne se réfère au changement de règne, ne contient aucune allusion aux vingt-cinq dernières années de Louis XIV, aux malheurs qui ont accablé la France

à la fin de ce long règne, les autres mémoires, au contraire,
sont remplis de tout ce qui manque au cinquième.

Nous allons examiner rapidement à ce point de vue ces
cinq autres mémoires du comte de Boulainvilliers.

1° Le premier des six mémoires publiés comme « *présen-*
» *tés à Mgr le duc d'Orléans, régent de France* », est intitulé :
« *Mémoire sur la convocation d'une Assemblée d'États géné-*
» *raux.* » Il occupe les pages 1 à 14 du tome Ier de l'édition
in-12 de 1727 (La Haye et Amsterdam).

Ce mémoire débute de la manière suivante :

« Jamais gouvernement ne fut si cher à la France que
» celui de Son Altesse Royale. Il succède à un règne des-
» potique, bursal, très long et par conséquent onéreux. Il
» se fait sentir par tous les caractères propres à gagner les
» cœurs : bonne intention, justice, affabilité, libéralité,
» oubli des injures, et surtout par une incomparable gé-
» nérosité. »

Il n'y a pas à se tromper ici. L'auteur prend cette comparaison, sévère pour l'un et élogieuse pour l'autre, entre
le règne de Louis XIV et les commencements de la Régence,
pour point de départ, à l'effet de s'autoriser à montrer « les
» défauts de la plupart des déclarations rendues depuis la
» Régence », et proposer « à S. A. R. de donner inces-
» samment une déclaration pour indiquer une assemblée
» générale des trois États du royaume pour la tenir en la
» ville de Bourges au 1er août prochain, pour aviser tous
» ensemble aux grandes et importantes affaires de la cou-
» ronne, et particulièrement conseiller le Roi sur la meil-
» leure manière de faire le recouvrement de ses droits et
» revenus d'une façon moins onéreuse que celle qui est en
» usage. »

Ainsi, ce premier mémoire indique nettement sa date au

début de la Régence, non seulement par son objet déter-
miné et remarquable, mais aussi par sa teneur, par ses
termes, comme par le fonds des idées. Cependant l'on voit
que la proposition de l'auteur de convoquer à Bourges les
États généraux se réfère spécialement, dans son esprit, au
besoin « de faire le recouvrement des droits et revenus du
Roi d'une façon moins onéreuse » ; c'est exactement l'objet
du mémoire n° 5 sur le droit d'amortissement des gabelles
et la conversion du revenu des aides ; mais la profonde dif-
férence de rédaction des deux mémoires montre la diffé-
rence des temps qui les ont vu naître, bien qu'ils soient ins-
pirés par une même pensée réformatrice et une conception
financière identique. On voit de plus que le mémoire n° 1
suppose de la part de l'auteur des études déjà faites sur le
point indiqué et des travaux antérieurs, parmi lesquels nous
sommes autorisés à placer le mémoire n° 5.

2° Le second mémoire (p. 15 à 73) est intitulé : « *Mé-*
» *moire pour rendre l'État puissant et invincible et tous les*
» *sujets de ce même État heureux et riches.* »

Nous ne nous occupons de ce second mémoire, comme de
tous les autres, qu'au point de vue de l'antériorité revendi-
quée par nous au profit du mémoire n° 5, et pour établir
que tous ces mémoires, excepté ce cinquième, prouvent à la
fois par leur rédaction et par leur objet qu'ils appartiennent
au xviii° siècle, tandis que le cinquième montre qu'il est
du xvii°.

Ce second mémoire (p. 16) rappelle que « *le roi*
« *Louis XIV de glorieuse mémoire, bisaïeul de Sa Majesté,*
» dans le dessein de faire fleurir le commerce dans ses
» États, a ordonné l'établissement de plusieurs compa-
» gnies de commerce pour négocier dans toutes les par-
» ties du monde, et fait venir les plus habiles ouvriers de

» l'Europe pour y établir les belles manufactures que nous
» y voyons... »

Le mémoire formule trois propositions : la première, en
23 articles, a pour objet la création, à Paris, d'une direction générale du commerce ; la seconde, en 33 articles, a
pour objet d'établir dans chaque paroisse des receveurs
particuliers et collecteurs perpétuels des impositions ; la
troisième enfin, en 6 articles, « d'établir en chaque ville et
» paroisse du royaume une chambre ou bourse commune
» et direction particulière, tant des affaires de la commu-
» nauté de chaque paroisse, que de l'agriculture, com-
» merce, arts et manufactures qui s'y font. »

Ce long mémoire, dans toutes ses parties, comme dans
ses premières pages dont nous venons de citer un passage,
mentionne et discute les faits et les lois de la fin du règne
de Louis XIV. Ainsi (p. 34), l'auteur réclame la suppression « des offices de courtiers, agents de change, banques
» et marchandises réservées par l'édit du mois de décembre
» 1715 dans les villes de Marseille et de Bordeaux. » Ainsi
(p. 71), en parlant des disettes et chertés de grains, dont
il dit très judicieusement que « tous les règlements qu'on
» fait lorsqu'elles sont arrivées, bien loin d'y remédier,
» augmentent le mal qu'elles causent, en les faisant con-
» naître plus grandes qu'elles ne sont effectivement », il
ajoute : « Les exemples de 1709 et 1713 en sont trop ré-
» cents pour en douter. »

Dans le mémoire n° 5, au contraire, on ne trouve ni une
date, ni un fait, ni un nom, ni un chiffre, ni une idée, pos-
térieurs à l'administration de Le Pelletier.

3° « Le troisième mémoire (p. 74 à 111) est inti-
tulé : « *Mémoire touchant la taille réelle et proportionnelle.* »

Il commence ainsi : « Il est certain qu'un règlement nou-

» veau sur la taille, qui puisse remédier aux désordres qui
» accompagnent aujourd'hui la perception de cette impo-
» sition, est un des plus dignes objets que le Régent du
» Royaume puisse se proposer, pour sa gloire particulière,
» pour s'attirer la bénédiction et l'amour des peuples, et
» pour faire pratiquer la première espèce de justice dis-
» tributive qu'il doit lui-même à l'État. »

Ainsi, dès la première phrase, l'auteur s'adresse au Régent. Plus loin (p. 76) il dit : « M. Colbert trouva en
» 1661 les tailles établies sur le pied de 66 millions d'im-
» positions annuelles ; mais les non-valeurs les réduisaient
» ordinairement à 44 ; et la raison de ces non-valeurs ne
» se peut trouver que dans la diversion que faisait dès lors
» la perception des aides et des gabelles ». Puis il poursuit
l'exposé de la situation jusqu'au nouveau règne et discute
longuement, depuis la page 79 jusqu'à la fin du mémoire,
les inconvénients des règlements d'essai faits par le Régent
dans la généralité de La Rochelle et dans l'élection de Pont-
l'Évêque, les réclamations auxquelles ils ont donné lieu, et
leur infériorité par rapport à la méthode alors suivie et
malgré les vices nombreux qui l'entachent.

Dans le cours de cette longue discussion, il expose un
autre projet de réglementation, mais en disant (p. 85)
que « ces différentes considérations sur la réalité de la
» chose, et de son importance, comme sur la difficulté de
» l'exécution, ont fait imaginer à un serviteur zélé de son
» Altesse Royale une autre conduite du règlement de la
» taille. » Aussi, en terminant, conclut-il (p. 111) qu'il
» n'y a rien de si désirable qu'une nouvelle police sur la
» taille, laquelle puisse proportionner l'impôt à la force et
» aux facultés de ceux qui la doivent payer. »

Ainsi la personnalité du Régent de France auquel il est

réellement adressé et destiné apparaît partout encore dans ce troisième mémoire, tandis qu'elle n'apparaît nulle part dans le cinquième, malgré l'analogie des sujets traités.

4° Le quatrième mémoire (p. 112 à 156) est intitulé : « *Mémoire touchant l'affaire de MM. les Princes du* » *sang.* »

Le titre de ce mémoire suffirait pour le dater. Nous nous bornons à reproduire les premières lignes : « Toute la » France est attentive au succès de la requête présentée au » Roi par M. le Duc et les Princes de sa maison, pour de- » mander la révocation de l'édit et de la déclaration accor- » dée par Louis XIV aux princes, ses enfants légitimés... »

Il est inutile, relativement à l'objet spécial qui nous oc- cupe, d'analyser ce mémoire par lequel se termine le tome premier.

Nous avons établi que les quatre mémoires contenus dans ce tome présentent, au point de vue de l'attribution au xviii° siècle et au commencement du règne de Louis XV, des caractères multiples, de formes et de fond, qui tous font défaut au mémoire dont nous cherchons à démontrer l'antériorité.

5° Nous avons déjà dit que la première partie du tome second de l'édition in-12 de 1727 des mémoires du comte de Boulainvilliers contient, sous le n° 5, notre mé- moire sur le droit d'amortissement des gabelles et la con- version du revenu des aides en droit de bouchon (p. 1 à 92).

6° La fin de ce tome second est tout entière occupée (p. 93 à 229) par le sixième et dernier mémoire et ses annexes, dont il nous reste à parler ici. Il est intitulé : « *Mémoire au* *sujet des domaines du Roi.* » Il se compose de plusieurs par- ties, et la première pourrait bien avoir été rédigée avant celles qui la suivent, qui portent un autre nom d'auteur, que Boulainvilliers a seulement extraites ou résumées, et que les éditeurs ont réunies sous ce même numéro 6, comme formant un tout. Toujours est-il, au point de vue qui nous occupe, qu'après le mémoire proprement dit, se trouve un *Extrait d'un mémoire de M. Fougerolle en 1711* (p. 111). De sorte que l'antithèse entre le numéro 5 et cette partie du numéro 6 reparaît toute entière. On y trouve un tableau du progrès de la misère en Limousin de 1704 à 1711 (p. 152), un parallèle de la dépense des deniers des tailles entre les années 1688 et 1707 (p. 153-154), une comparaison de la dépense pour l'entretien des ponts et chaussées de 1688 à 1707 (p. 159), et d'une manière générale (p. 160 à 164) le détail des dépenses assignées sur la taille entre 1688 et 1707. Ce numéro 6 se termine par une série d'articles intitulés : *Aides et octrois — cinq grosses fermes* (où l'on voit dans la page 193 un relevé des profits énormes des fermiers depuis 1687 jusqu'en 1711) — *parties casuelles — affaires extraordinaires — commerce-paix*, dans lequel il est dit (p. 228 à 230) que « la continuité de deux grandes » guerres étrangement sanglantes et ruineuses et les mal- » heurs d'une cruelle famine en 1709 ont, pour ainsi dire, » épuisé toutes les ressources particulières. »

Ainsi nous sommes autorisé à conclure sur cette seconde branche de la démonstration d'antériorité par nous entreprise, que tous les autres mémoires financiers du comte de Boulainvilliers publiés comme étant adressés au Régent contiennent tous dans leur texte, et le sixième dans ses annexes, des dates, des titres, des noms, des faits, des idées, qui s'appliquent directement au XVIIIe siècle, au règne de Louis XV et au Régent ; seul, le mémoire numéro 5 ne contient rien de postérieur, non seulement au XVIIe siècle, mais même à l'année 1688.

III

Nous arrivons ainsi au troisième ordre de preuves que nous avons annoncé.

Nous le résumons d'un mot.

Le droit d'amortissement des gabelles proposé par le comte de Boulainvilliers dans ce mémoire numéro 5 est une capitation. Or, la capitation a été établie sous l'administration de Pontchartrain en 1695 et réorganisée sous l'administration de Chamillart en 1701. Boulainvilliers ne pouvait guère proposer comme une nouveauté, postérieurement à ces dates, l'établissement d'un impôt déjà existant.

Cette observation établit en même temps l'antériorité de ce mémoire à l'année 1695.

Le droit d'amortissement des gabelles proposé par Boulainvilliers est bien la capitation.

Laissons-le parler lui-même dans les pages 30 et suivantes, où il explique le long tableau qui résume la première partie de son mémoire :

« J'ai formé trois classes de trois millions de chefs de
» famille contribuables, lesquelles je divise chacune en dix
» rangs égaux en nombre et inégaux en facultés.

» L'on voit dans la pemière division de ce mémoire qu'il
» y aura un million de chefs de la basse classe qui ne paie-
» ront par an pour le droit d'amortissement que depuis
» vingt sols chacun jusqu'à dix livres ;

» Que ceux de la moyenne classe ne paieront que depuis
» douze livres jusqu'à cinquante livres.

» Et ceux qui forment la troisième classe, qui est la haute
» classe, depuis cinquante livres jusqu'à cent.

» Et dans les deux autres divisions suivantes, l'on verra
» que l'on peut porter le revenu du roi à des sommes im-
» menses, sans néanmoins incommoder ses sujets; et
» que selon ses besoins, Sa Majesté pourra augmenter ou
» diminuer, comme il lui plaira, la contribution d'un
» chacun, et en faire même plus ou moins de classes, si bon
» lui semble, avec cette satisfaction que jamais, tant que
» cet ordre subsistera, l'on ne pourra lever un sol sur les
» sujets qui ne tournent à son utilité particulière. »

L'auteur montre, en effet, dans le tableau auquel il se réfère et qui résume son système, comment le produit de ce
droit d'amortissement des gabelles peut être porté, soit
à 112 millions de livres par an, soit à 158 millions, soit
à 216 millions.

Il suffit de rapprocher ce tableau du mémoire de Boulainvilliers des deux déclarations rendues sous les ministères
de Pontchartrain et de Chamillart, pour reconnaître que la
proposition contenue dans le premier est bien celle de la
transformation des gabelles ou de l'impôt indirect sur le
sel, en un impôt direct établi par tête et par classes de contribuables, c'est-à-dire la capitation.

La première de ces déclarations est du 18 janvier
1695 (1), et intitulée : *Déclaration contenant règlement pour
l'établissement d'une capitation générale annuelle dans le*

---

(1) Isambert, *Anciennes lois françaises*, t. XX, p. 233 et 331. Ce recueil ne
donne (p. 381) que le préambule de ces deux déclarations. Le tome II de
la *Correspondance des contrôleurs généraux des finances*, récemment publié
par M. de Boislisle, contient le texte entier de la déclaration du 18 janvier
1695, avec le *tarif contenant la distribution des classes et le règlement des taxes
de la capitation générale, avec les trois suppléments des 12 et 26 février 1695
et 81 janvier 1696, distribués chacun a leur classe.* (T. II, appendice; p. 565
à 574.)

royaume, par feux et familles, avec distribution en vingt-deux classes. Les taxes pour la première classe étaient de 2,000 livres', et, pour la dernière, d'une livre; ce chiffre de une livre était précisément le minimum proposé au point de départ de ses taxes par Boulainvilliers. Entre ces deux points extrêmes du tarif, tous les contribuables sont répartis en classes, comme le demandait également Boulainvilliers, suivant leur fortune supposée en raison de leur état, de leurs titres ou de leurs professions.

La seconde de ces déclarations est du 12 mars 1701 (1); elle contient 28 articles, et est intitulée : *Déclaration contenant règlement pour l'établissement de la capitation générale, suivie du tarif contenant la distribution des classes et le règlement des taxes de la capitation générale ordonnée par la déclaration du 18 janvier 1695.*

Il est expliqué dans le préambule de cette déclaration qu'« il s'est trouvé plusieurs embarras dans la capitation » ordonnée en 1695, qui ont donné lieu à des non-va- » leurs, en sorte que le recouvrement qui en a été fait, n'a » pas produit les sommes qui nous seraient nécessaires » pour soutenir les dépenses indispensables de la guerre, » sans le secours d'autres affaires extraordinaires; nous » avons résolu, en rétablissant la capitation, de l'aug- » menter, et de fixer celle de notre bonne ville de Paris, » et de chacune des généralités ou provinces de notre » royaume, aux sommes que nous estimons qu'elles peu- » vent porter... »

Sans doute la capitation proposée par le comte de Boulainvilliers diffère de celle de 1695-1701 sous deux rapports : 1° en ce qu'il ne s'agit pas pour lui d'une contribu-

(1) *Voir* la note de la page précédente.

tion de guerre ; 2° en ce qu'il ne s'agit pas pour lui de créer un impôt supplémentaire s'ajoutant aux impôts déjà existants ; mais, au contraire, de substituer ce droit nouveau à des impôts qu'il juge plus onéreux pour les contribuables, moins justes, moins conformes aux intérêts de la prospérité publique et du Trésor public.

Il n'empêche que c'est l'établissement de la capitation que le comte de Boulainvilliers propose dans son mémoire comme une nouveauté, et il est peu vraisemblable que cette proposition ait été par lui formulée postérieurement aux déclarations royales qui ont créé la capitation.

D'ailleurs, à la suite du passage ci-dessus reproduit, le mémoire ajoute (p. 31 et 32) « : Si Sa Majesté consen-
» tait que votre Grandeur éprouvât cet établissement dans
» un diocèse seul, qui fût du nombre de ceux qui tiennent
» le milieu entre les petits, elle aurait le plaisir de voir, un
» an après, que l'exemple d'un soulagement si considérable
» porterait les diocèses voisins, et ensuite tout le royaume,
» à demander la même chose avec empressement ; en sorte
» que cette affaire s'établirait d'elle-même par sa propre
» bonté, sans peine, sans bruit et sans dépense... »

Cette proposition d'essai de la capitation dans un diocèse et la promesse de succès qu'en fait l'auteur du mémoire démontrent qu'il est antérieur à l'établissement de cet impôt, même à un autre titre et dans d'autres conditions que celles désirées par le réformateur financier qui en demande l'application.

Ce troisième ordre de preuves n'est donc, ni moins précis, ni moins démonstratif que les deux autres. Comme eux, il nous ramène encore, de la Régence au règne de Louis XIV, du XVIIIᵉ siècle au XVIIᵉ, et nécessairement à une date antérieure à 1695. Mais il est bien antérieur.

Nous avons vu que le mémoire est postérieur à la mort de Colbert, mais que le grand ministre de Louis XIV et ses prédécesseurs y sont seuls nommés et tous nommés ; que Le Pelletier, contrôleur général des finances du 7 septembre 1683 au 20 septembre 1689, entre Colbert et Pontchartrain, n'y est pas nommé, mais que la mort et certains actes de Colbert y sont présentés comme des événements récents ; que les preuves accumulées par nous dans notre premier chapitre montrent que le mémoire est écrit alors que Louis XIV est au faîte de la puissance, avant les difficultés, les revers et les ruines ; que ce mémoire enfin, manifestement adressé à un contrôleur général des finances, l'a été à Claude Le Pelletier.

IV

Nous avons à dire maintenant à quelle époque du ministère de Le Pelletier ce mémoire doit être placé.

Un passage du mémoire, très important à cet égard, prouve que dans cette période de six années (septembre 1683-septembre 1689), c'est aux dernières années et non aux premières qu'appartient ce mémoire. Voici ce passage :

« J'ai cru, Monseigneur, qu'il était à propos de rapporter
» ici une preuve des abus qui restent encore aujourd'hui
» dans les finances au préjudice des intérêts de Sa Majesté
» et au dommage de ses sujets. *A quoy Votre Grandeur peut*
» *aussi aisément remédier, qu'il lui a été facile de réformer tant*
» *d'autres abus dont le peuple ressentira le soulagement à*
» *perpétuité.* »

Ainsi, il ne s'agit pas d'une administration qui commence, mais d'une administration qui a eu assez de durée pour accomplir de nombreux actes (ce qui ne s'applique-

rait nullement encore au duc de Noailles en l'année 1746) ;
il s'agit surtout d'une administration qui a pu « réformer
» tant d'autres abus dont le peuple ressentira le soulage-
» ment à perpétuité. »

Même en tenant compte de l'exagération de l'éloge dans
les habitudes du langage, il est difficile d'admettre que l'auteur put avoir en vue les premiers actes de Claude Le Pelletier au contrôle général. Lié aux ennemis de Colbert, il
prit d'abord, sans conviction, puisqu'il y revint ensuite, le
contre-pied des sages mesures de l'administration du grand
ministre et aggrava les autres. Il dénatura les opérations
de son prédécesseur en matière d'emprunt d'État ; il dé-
truisit le transit et les entrepôts par lui créés ; et par contre
il augmenta encore la rigueur des règlements industriels et
des tarifs douaniers.

Cependant, le cinquième passage du mémoire (p. 16) ci-
dessus cité dans la première partie de ce travail montre
combien Boulainvilliers rend justice à Colbert en comparant
son administration à celle de ses devanciers.

Le texte même du mémoire ne permet donc pas de s'arrêter aux premières années du ministère de Le Pelletier,
malgré les éloges mérités par son intégrité et même par
certaines mesures, comme la déclaration du 8 juillet 1685
qui améliore la comptabilité publique en obligeant les
comptables à payer au Trésor l'intérêt des sommes excédant
deux cents livres par eux gardées en caisse après les verse-
ments.

Rien d'ailleurs n'indique dans le mémoire de Boulainvilliers qu'il soit contemporain de la révocation de l'édit de
Nantes.

Nous pensons qu'il doit être placé dans les dernières
années du ministère de Le Pelletier, en 1687 ou 1688.

Si l'on considère, en effet, que ce mémoire a pour objet la réforme des aides et des gabelles, il semble rationnel d'admettre que les éloges de l'auteur se réfèrent à des mesures qui concernent ces branches d'impôts. Or, c'est en 1687 que Claude Le Pelletier, sans édit ni déclaration du roi, sut envoyer dans les pays d'aides et gabelles des conseillers d'État et maîtres des requêtes chargés « d'y prendre une
» connaissance, la plus exacte et la plus particulière
» qu'il se pourra, de la régie des fermes et des droits qui les
» composent... Pour prévenir les abus qui se commettent
» tant au préjudice des fermes qu'à la foule des peuples,
» empêcher les fraudes qui se commettent au préjudice des
» droits du roi, et surtout de retrancher les frais en pro-
» cédures, dont S. M. a reçu beaucoup de plaintes, qui di-
» minuent en même temps le produit des fermes et sont
» plus à charge aux contribuables que les droits mêmes (1). »

Ces commissaires du conseil ont été les premiers inspecteurs généraux des finances et le point de départ de cette grande institution de l'Inspection générale des finances.

C'est en 1688 que Le Pelletier, généralisant du reste des mesures antérieures, prépare le dépôt général des terriers de la couronne, et travaille à cette autre grande œuvre « la création des archives de l'administration des finances réalisée, justifiée et assurée (2). »

Ce n'est qu'une conjecture. Toutefois, sur ce point plus précis de la détermination de l'année même à laquelle appartient ce mémoire de Boulainvilliers, nous croyons pouvoir indiquer comme date probable la fin de

(1) *Correspondance des contrôleurs généraux des finances avec les intendants des provinces*, par M. de Boislile, t. 1er, page 107, n° 418; *Lettre du Contrôleur général aux intendants*, du 12 juin 1687; — Voir aussi t. I, p. 112, n° 439, et 132, n° 504; et t. II. Appendice, p. 547 à 553.

(2) *Idem*, Avant-propos, pages XI et suivantes.

l'année 1687 ou le premier semestre de l'année 1688.

Il faut toutefois s'arrêter au mois de septembre 1688, par un motif que nous allons exposer.

Sans doute ce n'est que le 20 septembre 1689 que Claude Le Pelletier, à l'approche de difficultés nouvelles et redoutables, après avoir sollicité Louis XIV de le décharger du fardeau croissant de l'administration des finances, fut remplacé au contrôle général par Louis Phelypeaux, comte de Pontchartrain.

Mais nous avons vu, dans le troisième passage du mémoire cité dans la première partie de cette étude, que l'auteur (p. 13 de l'édition in-12 de 1727) propose ses réformes « durant la paix » ; il dit du roi que « ce fameux héros » finirait par humanité, *durant la paix*, ce qu'il a com- » mencé par sa valeur durant la guerre... »

Boulainvilliers revient encore sur la même idée, et constate le même fait de l'existence de la paix au moment où il présente son mémoire, au bas de la page 28, en disant « qu'en l'état où sont les choses dans les provinces, le re- » venu du Trésor royal pourrait en souffrir un jour, à » moins que Sa Majesté ne prévienne le mal *dans un temps* » *aussi favorable qu'est celui de la paix...*»

Or, la courte durée de la paix limite le champ de nos recherches et vient circonscrire le terme extrême de la date qu'il s'agit de déterminer. La paix a commencé pour la France, dans le temps où nous sommes placé, à la trève de Ratisbonne (15 août 1684). Nous venons de dire pourquoi nous ne pouvons nous arrêter aux années 1685 et 1686. Mais nous ne pouvons aller au delà du mois de septembre 1688, puisque c'est à cette époque que Louis XIV lance son manifeste contre l'Empereur et l'Électeur palatin, et que la guerre recommence entre la France et l'Allemagne pour s'étendre ensuite à la Hollande et l'Angleterre.

Nous sommes ainsi amené à conclure que le mémoire dont il s'agit, suivant toute vraisemblance, doit être placé, soit dans la seconde moitié de l'année 1687 soit du 1ᵉʳ janvier au 1ᵉʳ septembre 1688.

Quoi qu'il en soit de cet essai de détermination précise de la date du mémoire de Boulainvilliers, son antériorité au *Détail de la France* de Boisguillebert et à la *Dîme royale* de Vauban, demeure établie d'une manière certaine, et c'est la démonstration que nous avions entreprise.

V

Cette substitution d'une date de plus de vingt-cinq années à celle de 1716 ne saurait être sans intérêt.

Indépendamment de celui qui s'attache à la rectification d'un fait historique et au rétablissement de toute vérité relative aux actes et aux œuvres d'un écrivain célèbre, aussi fécond et aussi rempli de contrastes que Boulainvilliers, n'y a-t-il pas, dans cette restitution de sa véritable date au mémoire en question, un point qui touche l'histoire économique et financière de notre pays ?

Nous ne voulons point exagérer l'importance et la portée pratique des réformes proposées dans ce mémoire du comte de Boulainvilliers. Nous sommes parfaitement disposé à en faire bon marché. Elles ne sauraient être d'ailleurs plus sévèrement jugées que ne l'ont été les plans de Boisguillebert et les projets de dîme de Vauban. On sait que ces écrits valent moins par les mesures d'organisation qu'ils proposent, que par leurs courageux efforts pour diminuer les vices d'inégalité et d'injustice qui entachaient les anciennes institutions financières de la France. Boulainvilliers veut également améliorer le régime financier du pays, et il est important de constater, sans les comparer autrement, qu'au lieu de parler après Boisguillebert et Vauban, il les a devancés.

Nous ne goûtons nullement l'impôt sur le revenu, que, sous le nom de droit d'amortissement, il substitue aux gabelles dont il demande la suppression.

Nous n'apprécions pas davantage la conversion qu'il propose des droits d'aides en un droit de bouchon payé par les cabaretiers.

Mais il n'est pas indifférent, au point de vue de l'histoire économique et financière, que ses critiques contre le régime des gabelles et des aides, contre leurs abus, les poursuites innombrables qu'elles occasionnaient, se soient produites en 1687 ou en 1716, treize ans avant la *Dîme royale*, et non quinze ans après.

Il est curieux de voir cet apologiste enthousiaste de l'organisation féodale réclamer en plein règne de Louis XIV des réformes financières.

Il demande que le sel, « cette manne dont on ne saurait » se passer dans la vie », soit rendu « vénal, comme est le » blé, et remis dans la liberté du commerce ». Certes, l'idée était hardie et d'exécution difficile, mais on croirait entendre un des économistes de la seconde moitié du siècle suivant.

Il examine « ce qu'on pourrait faire des gens employés » dans les gabelles » et indique entre autres solutions que » quelques-uns se jetteraient dans le commerce ; ceux qui » ont inclination pour la guerre prendront parti dans les » troupes de Sa Majesté ; en tout cas, la plupart iront au » village labourer la terre, comme faisaient leurs pères, et » deviendront au moins utiles à l'État, au lieu de l'affaiblir,

» comme ils font, s'engraissant du sang du peuple de jour
» en jour ; *ou du moins l'on pourrait s'en servir pour for-*
» *tifier nos colonies de Canada et des îles de l'Amérique, où*
» *ils trouveront pour eux et leurs successeurs un doux*
» *établissement en formant un troisième royaume à notre*
» *monarque.* »

Il critique la mise en ferme des impôts dans des « réflexions
» sur la multitude des financiers et l'inutilité de cette mul-
» titude », et dit, avec beaucoup d'exagération sans doute,
mais en émettant l'idée progressive de la mise en *régie des*
impôts, que « huit ou dix hommes au plus par diocèse, le
» fort portant le faible, feraient aisément la recette de tous
» les deniers du Roi, que Sa Majesté *pourrait tenir en régie*
» *donnant des gages à des receveurs...* »

Le comte de Boulainvilliers est un de ces esprits distin-
gués dans lesquels, à des époques diverses, on a trouvé le
mélange des idées réformatrices et des anciennes traditions.
Ils présentent ce contraste d'allier au culte du passé et de
l'esprit de privilège la perception des besoins d'améliora-
tion et certaines idées libérales. Le mémoire qui nous
occupe en offre la preuve en ce qui concerne le comte de
Boulainvilliers.

Parmi les idées justes et libérales qui s'y trouvent émises
nous devons en signaler une qu'il est intéressant de
voir écrite près de soixante quinze ans avant les Physiocrates, et près de quatre-vingt dix ans avant la *Richesse des*
nations d'Adam Smith et le ministère de Turgot. A propos
des douanes, l'auteur émet cette proposition : « Pour aug-
» menter le commerce en peu d'années, Votre Grandeur
» pourrait diminuer des deux tiers tous les droits d'entrée
» et de sortie, et supprimer toutes les douanes du dedans. »

Il faut remarquer aussi ce qu'il dit de l'utilité d'une po-

litique d'extension coloniale et commerciale de la France,
et surtout cette assertion qui domine tout son mémoire :
que des impôts mieux assis et plus équitablement répartis
seront à la fois un soulagement pour les contribuables et
une source de revenus supérieurs pour le Trésor public.

Indépendamment des idées qui abondent, les unes
fausses, d'autres vraies, presque toutes hardies, ce mémoire
est rempli de faits, de renseignements sur les prix et sur les
frais, de chiffres, de dénombrements ; les débitants de
boissons, les officiers et gens de service, les diocèses et les
paroisses, les chefs de famille et les fortunes privées, les
États et leurs revenus publics, y sont dénombrés ou éva-
lués. Les bases de ces statistiques doivent être souvent fra-
giles. Mais là encore il est curieux de voir que ces essais de
statistique ont précédé ceux de la *Dîme royale.*

Dans les ouvrages des écrivains qui ont réclamé, avant
les économistes de la seconde moitié du xviiie siècle, la réforme de la législation financière de notre ancienne France,
ce qui a le plus d'intérêt et de valeur, ce ne sont pas les
systèmes. La triste expérience du système de Law permet de
généraliser, et les essais partiels d'application de la Dîme
royale sans ses principes d'égale répartition des charges,
sous la Régence, n'y fait pas obstacle.

Mais tous ces écrits des réformateurs financiers de la fin du
xviie et du commencement du xviiie siècle sont des documents
précieux pour l'histoire des idées. Il en est ainsi du mémoire
qui nous occupe, et, à ce titre de document historique, il
n'est pas indifférent que ce mémoire du comte de Boulainvilliers soit de l'année 1716 ou des années 1687-1688.

Si notre rectification de date est fondée, ce mémoire, malgré
toutes les critiques qu'il peut mériter, et auxquelles n'échap-
pent pas les œuvres des écrivains qui l'ont suivi, place, dans

l'ordre chronologique, le comte de Boulainvilliers en tête de cette pléiade d'écrivains célèbres et généreux qui, devançant les fondateurs de l'Économie politique, sans parler au nom d'une science à naître longtemps après eux, protestaient contre le régime économique et financier de notre ancienne France.

On les a appelés les précurseurs, avec Boisguillebert et Vauban.

Sans réclamer ce titre ambitieux pour Boulainvilliers, nous nous bornons à constater que dans ce mémoire sur le droit d'amortissement des gabelles et la conversion du revenu des aides, il a parlé avant eux, dès 1687 ou 1688.

Mathieu Marais, dans ses *Mémoires*, en relatant la mort du comte de Boulainvilliers le 23 janvier 1722 (t. 2, p. 212 à 214, 227 et 228), dit: « Je l'avais vu la veille. C'est une » grande perte... Il est célèbre par quantités de mémoires » qu'il a faits sur l'histoire de France. » Dans l'éloge très pompeux qu'il trace, il l'appelle « un grand historien. » Ces passages de Mathieu Marais témoignent du sentiment des contemporains. De nos jours, ou du moins il y a vingt ans, le savant éditeur du *Journal* et des *Mémoires* de Marais appelait Boulainvilliers un « grand remueur de faits et » d'idées, qui n'a point encore été mis à sa place ».

En lui restituant l'honneur, qui lui appartient, d'avoir « remué » avant Boisguillebert et Vauban, les idées de réformes financières, nous n'avons fait que commencer, en un point, et dans l'ordre des dates, « à le mettre à sa place. »

Poitiers. — Imprimerie Tolmer et Cⁱᵉ.

OUVRAGES DU MÊME AUTEUR

~~~⊗~~~

I. — DROIT ADMINISTRATIF ET DROIT PÉNAL

COURS DE DROIT ADMINISTRATIF, contenant l'exposé et le commentaire de la législation administrative dans son dernier état, avec la reproduction des principaux textes dans un ordre méthodique ; 1re édition, 1861 ; 6e édition 1881 ; 2 très forts volumes in-8.

TRAITÉS des édifices publics d'après la législation civile, administrative et criminelle ; des ventes domaniales avant et depuis la loi du 1er juin 1864, qui règle l'aliénation des biens du domaine de l'État ; des partages de biens communaux et sectionnaires. Un volume in-8°, avec tables générales, et l'Éloge de Foucart ; 1865.

Des Églises et autres édifices du culte catholique ; 1866.

Des Expropriants et du droit de poursuite appartenant à chacun d'eux ; 1866.

Théorie de l'extradition ; 1867.

Le Conseil d'État et son histoire : 1867.

La Cour des comptes et son histoire ; 1867.

Rapports à la Société des Antiquaires de l'Ouest pour sa reconnaissance comme établissement d'utilité publique (*Bulletins de la Société*, 1875).

De la Formule de promulgation des lois et de la date qui en résulte ; 1877.

De la Distinction des décrets portant règlements d'administration publique et des décrets rendus dans la forme de ces règlements ; 1878.

Des adjoints, de la suppléance et de la délégation des pouvoirs du Maire ; Dalloz, 1883.

De la nature légale du droit des curés et desservants sur les presbytères, et de l'affectation administrative d'immeubles nationaux, départementaux et communaux à un logement ; Dalloz, 1883.

Des inhumations et des exhumations dans les cimetières et dans les propriétés privées ; Dalloz, 1884.

II. — ÉCONOMIE POLITIQUE ET HISTOIRE ÉCONOMIQUE

De la monnaie au point de vue de l'Économie politique et du Droit ; 1868.

Du cours international des monnaies, de l'union monétaire dite latine ; 1883.

Des bans de moisson, de fauchaison, de vendange et de troupeau commun d'après le projet de code rural ; 1882.

De la liberté des récoltes ; 1882.

La corvée des grands chemins et sa suppression en France, et spécialement en Poitou ; 1882.

M. de Blossac et les enquêtes administratives de 1775, 1776 et 1777 en Poitou, sur la corvée des grands chemins ; 1882.

Un arrêt inédit du conseil du roi de 1764 qui commet M. de Blossac pour informer contre les habitants de la paroisse d'Archigny pour refus de corvée et rébellion contre la maréchaussée ; 1884.

Le mémoire du comte de Boulainvilliers sur le droit d'amortissement des gabelles et la conversion des revenu des aides en droit de bouchon, antérieur au Détail de Boisguillebert et à la Dîme royale de Vauban ; 1884.

De la variété des usages funéraires dans l'Ouest de la France sous l'empire du décret du 23 prairial an XII sur les sépultures ; 1884.

Des ossuaires, des boîtes à crânes, et des boîtes à ossements de la Bretagne armoricaine ; 1884.

L'article 14 du décret du 23 prairial de l'an XII sur les sépultures au point de vue économique et social ; 1884.

III. — DROIT CIVIL

Théorie des Fautes dans les contrats, quasi-contrats, délits et quasi-délits, en droit romain et en droit français (Thèse de doctorat) ; 1854.

IV. — NUMISMATIQUE ET HISTOIRE MONÉTAIRE

Le Trésor de Vernon (monnaies romaines consulaires et monnaies gauloises) ; 1874.

Le Sesterce et l'Histoire de sa fabrication dans le monnayage romain, à propos du Sesterce du trésor de Vernon ; 1875.

Note sur un dépôt de 3700 petits bronzes frappés sous le règne de Constantin, trouvé à Prinçay, près Monts (Vienne), en 1876.

Observations sur le monnayage anglo-français de l'Aquitaine, dans les ateliers de Bordeaux et de Poitiers, et dans l'atelier probable de Périgueux ; 1876.

Mémoire sur un denier Gaulois inédit à la légende *Giamilos* ; 1877.

Un ancien Maire de Poitiers, maître de la monnaie, soumis à la torture sous le règne de Louis XII ; 1878.